Extraños con Paraguas

EXTRAÑOS CON PARAGUAS

Maribel Hernández del Rincón

Dedicado a mi madre, a mi hermana y a Juan Manuel Nieli, mis tesoros.

Corredor de los Lanzi. Florencia.

Lúgubre impacto de Perseo y Medusa contra tus ojos de alfiler.

La luz apunta el declive
de las horas más tenues.
Irreconocibles,
en tu pupila estupefacta.

La noche
arroja su ceniza
de mariposa muerta
contra el metal
doblegado de los días.

Hoy es terrible el silencio,
que gotea exactitudes,
desde un punto cierto
en mi memoria.

Tus ojos inmovilizados
detienen mis ojos
en ti, contra el espejo,
como dos instantáneas.

Los extraños con paraguas cruzan las horas. Atraviesan arcadas y bíceps.

Crines de mármol.

La piedra sobre la piedra contra sus pasos comunes, que no advierten las estatuas.

Aquí todo sigue intacto,
a pesar de las horas
tránsfugas.

Las horas pintadas
contra el vapor
adherido al cristal
de mis manos.

Yo misma también
idéntica,
en este tránsito de
mujer intermitente.
De mujer a medias.
De media mujer
contra la reja
que sesga
el azul de neón
de las noches
multitudinarias,
hasta las otras noches
sin pasajero.

Tintinean las tazas de té.

Las unas sobre las otras en columnitas idénticas de un blanco roto, como los vestidos de las novias.

El borde, pintado a mano por artesanos sicilianos, sobresale levemente en contraste con el dibujo azul de una especie de flor o estrella en el principio de cada asa.

Nadie se sienta a la mesa.

Sacudo *el cristal*
de las horas
congeladas
contra el vidrio.

No queda rastro
de los rumbos
postergados.

Me lo temí en cada
cambio de planes.

Hoy es nada.

Luces cóncavas
reconducen
mi esperanza
a un punto de oscuridad,
que no difiere
del paisaje.

La noche
está en el tintero.
No hay papel
capaz de sostenerla.

La penumbra alarga
sombras tremebundas
de oficinistas,
contra el suelo.
Teledirigidos, siempre,
hasta sus camas
desiertas.

La partida inacabada
yace en la mesa. Busco
entre las formas
de la noche
dónde asirme.
Yo tampoco estoy
a salvo
de la civilización.

Afuera, entre las sabinas, transcurre
un silencio humectante de extraños
con paraguas.

Un *silencio-viento* adherido al
vidrio.

Atravesado en el vidrio a golpes
certeros

No consigo
separar la luz
que me atraviesa,
certera,
de los mamotretos
contiguos,
que abultan con
su deformidad,
el insomnio expuesto
a la noche.

La información rebota en las azoteas, innumerables...

Yo reclamo mi parte de silencio y reivindico, a solas, mi derecho a no saber. No tener. No decir. No esperar ni esperarte.

Me detiene el grito invertebrado de un frenazo en la avenida.

No hay marcha atrás.

Renglones de civilización ardua rompen filas.

Un fulgor de salitre
azota mis zapatos
encajados
en la niebla.

No acierto con mis pasos
secándose al sol.
Flechados
por la lluvia certera.
Abocados, sin más,
a un camino
predeterminado.

Donde doy por hecho,
que me sobrevivirán
rumores
reiterados
de este mundo
que no cesa.

Apostado en la
penumbra,
mi costado se repliega
bajo el peso
innumerable
de algunos sueños.

Es solo cuestión
de inercia
que la noche encuentre,
inmóvil,
la medida de mi cuerpo
contra una esquina
del cuarto.

Donde me proyecto
en sombras
gigantescas

Baviera y tú. Ruta Swangau.

La piedra sobre la piedra.

La piedra del cisne contra una
bruma de curvas concéntricas.

Afuera transcurre
una bruma de niños
azules, que construyen
casas, sobre el barro
interminable
de un paisaje
desconocido.

La tormenta en ciernes
contra el vidrio
sofocante raya en la
monotonía. Intento
palabras. Aullidos
balbucientes. Simulacros
sesgados de mi voz.

Insisto, pero no.
Estamos a solas.
La página en blanco.
La trémula luz
de una luna decreciente,
que azota su gelatina
contra el río, y yo.

Intuyo tu silencio
transversal,
que alcanza
sobre mi espalda,
los secretos que transporto
en el carro de la compra.

El itinerario idéntico
de los días laborables,
infravalorado,
siempre,
acopla un ritmo
de inercia
a mis pasos.

Las cadenas de las horas
resuenan contra los días
cubiertos de musgo.

Y el otoño llega igual,
aunque tú no estés.

Riesling y escarcha contra el
cristal de las horas.

Los restos de la otra Roma
emergen, carbónicos, desde el
pavimento empedrado.

Un ajedrez
de baldosas solitarias
desde tu casa
a la mía.

Un tramo de noche,
idéntica,
asido a otro tramo.

No me detengo a mirar
cómo golpean
las luces de estrella
en los charcos.

Parpadeo entre la niebla.
Mis ojos delatan
la herida abierta
de una carretera
hundida en el barro.

Esta ciudad se esfuma
por debajo de mis pies
desacompasados.

Entre siete colinas,
derrumba en su orilla
de espiral
volcánica,
reflejos cortados
de murallas adyacentes.

Ruge desde el fondo
de las horas detenidas
en los semáforos.

Hierve contra el sol
deshilado.

Los extraños con paraguas fotografían de nuevo el mausoleo enrejado.

La sombra de otra gaviota contra el mismo adobe, el mismo azul de metal en los charcos...

Vengo de ti
y en ti
me extingo.

En un tránsito
sin horizonte,
recorto el día
por abajo.

Donde le arrastra
contra el suelo,
la incertidumbre.

No es casualidad
pensarte aquí
ni ahora.
Cuando la tormenta
azota
lo cotidiano.
Inmóvil.
Reverberante.
Aupado en las cornisas
de las casas,
como un héroe
de multitudes.

Y hay un murmullo
de ciudad abandonada
en los portales.
Acallando el grito
hilarante, de toda
una noche que brama.
Ensordecida.

Tengo entre manos
una canción lúgubre
de Leonard Cohen.

La empujo hasta aquí
con todo mi cuerpo.

Caigo
sobre ella
en su sedimento estéril
de tierra sacrificada.

Donde hay acordes
que me escurren
por debajo de la ropa

como anhelos remotos

Boppard, depositado entre
la   bruma,   transcurre   sin
huéspedes.

Detrás de la estación de
tren, desciende la curva de
un camino angosto y
solitario, que transporta los
días hasta la noche.

*L*a leche se eterniza
sobre el fuego.
El cigarrillo interpuesto,
petrificado contra el
alférez de latón verde,
sugiere una huída
improvisada.

Mi lengua espera
pegada a la letra
como un chicle.

Anochece.

Nada es extraordinario.

Aquí todo está infectado
de mis ojos,
que no advierten
ya paisaje
en el paisaje.

Lorelei sueña entre las
páginas de los libros.

Lorelei, intermitente, resuena
bajo las vías del tren.

Lorelei, arrojada al Rin,
penetra en la corriente como
una gota de lluvia.

Los extraños con paraguas
no se detienen.

Colecciono días
como alfileres.
Alfileres
que sostienen
sonrisas. Sonrisas
de alfiler.

La noche está
echada y yo
me reconozco
sin ser vista
sobre mis piernas
de bailarina.

Corro.
Husmeo en ti,
como un recién llegado.

Entre los lugares de azul y cáñamo, pedalean veranos de incierta agonía.

Mientras, alguien muere al otro lado del camino. Alguien le escribe cartas al director o ejecuta melodías, imparables.
Como si en ahuyentar el silencio a toda costa estuviera la clave para sujetarse al mundo.

Caótia.
La melancolía.
Sustrato de brazos
asidos a la cintura
de una niebla
con silueta
de mujer desnuda.

Devorada por la lluvia,
la explanada
donde crezco,
con un puñado de arena
en cada mano,
surca una tierra cercada
por pájaros azules.

A pocos palmos
del suelo,
relamo en mi cuerpo
la herida de soñar
despierta
y sigo.

Konstanz.
La ciudad se detiene.

Estampida imparable de
gaviotas   contra   tres
fronteras.

*Y*o mirando hacia atrás.
Tú, entreabierto.

Las gotas de la lluvia
se clavan contra el
musgo
de mis manos
inconmensurables.

Algunos días
soy de cristal
y hasta es posible
que me sienta
amenazada en mi
memoria.

Donde soy capaz
de recorrerme
con los ojos cerrados.

Equivocada o no,
me ensaño contra
la primera luz del día
que me retrotrae a ti.

Porque no he dejado
de dormir
a pierna suelta,
desde que salí
de esas horas
donde tus pies
de gigante
venían a acaparar
mi pequeño refugio.

...sobre la explanada, algunos jardines separan unas casas de las otras de manera tan precisa, que cada centímetro cuadrado parece previsto para que alguien o algo ocupe su lugar exacto.

El día que yo decidiera
decirme que sí
podría ser
un día similar a éste.
Inadvertido. Rumiante.
Postrado sin gracia
en su cuadrícula inmóvil
de crucigrama en blanco.
Como si nadie
hubiera intentado
capturarlo antes.
Un día de tantos,
con todas sus horas
contiguas
a las otras horas.
Con las mismas líneas
de luz, contra el asfalto,
en su cabalgar monótono
de animal dócil.
Irrecuperable ya.
Hecho trizas.
Ocurre, sin embargo,
que la ambigüedad
de los calendarios
asoma en rojo otro
círculo contra el número
siguiente,
que llegado su turno,
tampoco quiere ser hoy.

La concavidad
del sueño
succiona mi cuerpo
hacía abajo.
Estiro mis brazos
desarticulados.
Precipitada en ti,
cuelgo de una curva
abierta
en mi caligrafía.

Balingen contraataca.
Edificios azules
cuadriculan
mi urgencia de ti. Busco
en el rumbo calizo
de la noche,
el epicentro donde
me reparto contigo.

El silencio se hace añicos detrás de un portazo en la avenida.

Mi voluntad reconoce en el engaño de sí misma, una razón de ser.

Menos mal que
no me tomo en serio
cuando me afilo
las uñas
y le rasco los bordes
a la distancia,
que te hace pegarte
a mis horas de
coleccionista.

Y reivindican
rumiantes
algunos sueños
feedback
y dan con su resto
en el plato.

Y caen esperanzas
de los árboles
amarillas.
En el silencio
descomunal
que las detiene

contra el asfalto.

Sin destinatario.

Implacable, Soria reverdece en un hueco de mi caligrafía.

Donde el aire que le dejo a una palabra, antes de la siguiente, para que respire a solas...

Palabras exactas.
Aproximaciones de ti
o de mi.
Palabras truncadas
a medio camino de llegar
o desistir, en el empeño
contagioso
de ser uno más.

"Acostumbrarse no es fácil"
Dijo el oficinista 543.
Palabras arácnidas.
Innumerables razones
para no esperarte.

Berlín. Medianoche.
Eres como yo.
Sigo tu rastro imparable
de hormiga sobre el asfalto.
Desasistidos los dos.
Noviembre inútil.
Otra lágrima reluce
contra esta fiera enésima
luz de neón.
Y en ella encuentra
un pretexto
para justificarse.

Es domingo por la tarde,
mi cuerpo en línea recta
gotea una ausencia tuya,
pusilánime,
avergonzada de existir
aún.

Única superviviente
entre nosotros,
devastados sin duda,
contra las horas
sangrantes
de los atardeceres
que ya
ni siquiera recuerdas.

A veces creo
que de todas formas
mi corazón se detiene
mientras lucho.

Encaramado al beso inútil,
recurrente,
de los días tránsfugos.

Escenarios de ciudades
interpuestas entre tú y yo.

El tiempo en mi contra.

Tú conmigo

*D*etrás de las curvas del otoño
-entre las sabinas-
me acorrala la bruma
de un país en extinción.
Digo. Espero.
Resucito en la maleza.
Es la memoria, imparable,
frente a rótulos de calles
que olvidaré *Ipso facto*.

Los extraños con paraguas
toman las calles.
Raídas de civilización
y musgos fosforescentes.
En ese tránsito inútil,
que le sobrevive al día
para seguir siendo uno más.

Gotea un pulso de horas.
Impunes,
en su matanza
de sueños irrecuperables.
Y es un alivio tu nombre
junto a mío, en la pared.
Al menos, nadie ha venido
aún, a sacarnos
de este centímetro cuadrado
de la avenida.

Maribel Hernández del Rincón (Soria. 1977) es Licenciada en derecho y poeta. Su primer libro de poemas, fue publicado en mayo de 2010 bajo el título de "Sonora" (Editorial Eclipsados. Zaragoza). Forma parte de la selección de autoras escogidas por el poeta Ángel Guinda, para la antología "YIN" Poetas aragonesas 1960-2010 (Editorial Olifante. Diciembre 2010). También ha colaborado en diversas revistas literarias. Entre ellas, las revistas AGORA y TURIA.